El negocio del terrorismo: Una perspectiva económica

Cómo el terrorismo se convirtió en un sistema económico bien remunerado que distorsiona la identidad de un pueblo

DR. ENRIQUE PRESBURGER CHEREM

EDITORIAL
SHANTI NILAYA

EL NEGOCIO DEL TERRORISMO:
UNA PERSPECTIVA ECONÓMICA

Instagram: @epresburger
Facebook: Dr. Enrique Presburger - Economista
www.enrique-presburger.com

1a edición, 2025 | Editorial Shanti Nilaya®
Diseño editorial: Editorial Shanti Nilaya®

ISBN | 978-1-966206-85-9
eBook | 978-1-966206-86-6

www.editorial.shantinilaya.life

El negocio del terrorismo: Una perspectiva económica

Cómo el terrorismo se convirtió en un sistema económico bien remunerado que distorsiona la identidad de un pueblo

Ciudad de México, 2025

Dr. Enrique Presburger Cherem

EDITORIAL
SHANTI NILAYA

DEDICATORIA

Con amor para mis hijos

"La propaganda es para la democracia lo que la violencia es para una dictadura".

—William Blum

"Cuando ves que el sufrimiento se multiplica en el mundo, examina a los jueces de la sociedad".

—Talmud, Shabat 139a

"No vemos las cosas como son, sino como somos".

—Jiddu Krishnamurti

En las instituciones educativas tradicionales nos enseñan fechas, eventos y nombres, pero no nos enseñan a cuestionar cómo surgieron, por qué sucedieron con tanta impunidad y, lo más inquietante, por qué se siguen repitiendo. ¿Por qué nadie hizo nada? ¿Por qué los sistemas permitieron que ocurrieran atrocidades sin sanciones reales? ¿Cómo es posible que, una y otra vez, la historia nos muestre los mismos patrones de violencia y manipulación sin que aprendamos a detectarlos a tiempo? No basta con conocer los hechos a través de titulares o enlaces de noticias; es necesario analizar las estructuras de pensamiento que los hicieron posibles y los mecanismos de manipulación que, a lo largo del tiempo, han permitido que se perpetúen. Esto se vuelve aún más crítico en un mundo donde las redes sociales no informan, sino que refuerzan posturas preexistentes mediante algoritmos que eliminan cualquier espacio para la duda, el debate y el pensamiento crítico, con lo cual alimentan la polarización y la violencia psicológica en todos los frentes.

El legado de este libro es precisamente ese: generar un proceso de análisis y cuestionamiento desde una variable que rara vez se considera, la económica. No busca alinearse con narrativas políticas de derecha o izquierda, ni con discursos religiosos que intenten justificar lo injustificable. Busca evidenciar sistemas de financiamiento, estructuras de poder y modelos económicos que perpetúan el conflicto, sostienen estructuras obsoletas y permiten que ciertas organizaciones se escuden en un prestigio histórico para manipular la realidad a su conveniencia.

Este es mi granito de arena para un mundo que necesita soluciones reales y urgentes. Un esfuerzo por exponer estructuras nocivas, abrir perspectivas que han sido ignoradas y plantear mecanismos de rendición de cuentas más justos. Es un homenaje a mis ancestros asesinados por el antisemitismo, pero también un acto de responsabilidad hacia las futuras generaciones, sin importar su religión o identidad. Porque si algo he aprendido, es que la violencia no es solo un acto físico: es un sistema sostenido por intereses y decisiones que, si no son cuestionadas, seguirán repitiéndose con otros nombres y en otros escenarios.

ÍNDICE

INTRODUCCIÓN:
UN SISTEMA PARADÓJICO

El terrorismo se analiza frecuentemente a través de lentes ideológicos, culturales o geopolíticos. Sin embargo, este libro propone una perspectiva económica: examinar el terrorismo como un sistema bien organizado con incentivos financieros que perpetúan la violencia y distorsionan identidades. Este enfoque revela cómo las estructuras económicas globales y locales sostienen estos conflictos, a menudo en beneficio de unos pocos selectos.

Más allá de las narrativas de perpetradores y víctimas que dominan el discurso sobre el terrorismo, existe una realidad subyacente que ha sido ignorada durante demasiado tiempo. Esta investigación busca descubrir el sesgo económico fundamental que sustenta la manera en que los países occidentales abordan el terrorismo. Un análisis más detallado revela una dinámica sorprendente: las mismas potencias occidentales que condenan el terrorismo también lo financian, con frecuencia a través de medios indirectos. Esta relación paradójica permite a los líderes terroristas explotar el sistema para su propio beneficio económico, con lo cual perpetúan un ciclo vicioso de violencia y lucro.

Siguiendo el rastro del dinero y descubriendo los incentivos financieros que impulsan las actividades terroristas, expondremos la impactante verdad: el terrorismo se ha convertido en un negocio lucrativo, alimentado por los mismos poderes que afirman estar combatiéndolo. Esta investigación demostrará que la raíz del problema no radica en la ideología, la cultura o la religión, sino en los intereses económicos de los líderes terroristas, quienes han perfeccionado el arte de explotar el sistema para acumular riqueza y poder sin rendir cuentas a su propio pueblo.

Al arrojar luz sobre esta incómoda realidad, esperamos generar un ajuste de cuentas largamente esperado con los motores económicos del terrorismo y la complicidad de las potencias occidentales en la perpetuación de este ciclo de violencia.

Oriente Medio ha sido durante mucho tiempo un foco de tensiones políticas y militares, y organizaciones internacionales e intergubernamentales como la ONU, la Cruz Roja, la CPI y la CIJ han sido explotadas por organizaciones terroristas y sus simpatizantes para promover sus agendas. En lugar de cumplir con sus propósitos originales, estas instituciones a menudo han sido utilizadas como herramientas para financiar y promover el terrorismo; de esta manera se prolonga un sistema que beneficia a líderes políticos y militares mientras perjudica a la población general.

El flujo de miles de millones de dólares en ayuda y financiamiento desde países occidentales hacia organizaciones como UNRWA, la Autoridad Palestina y Hamás ha creado una estructura de incentivos perversos que recompensa el terrorismo y perpetúa el conflicto. Mientras tanto, la CIJ y la CPI han sido utilizadas como armas políticas para atacar a Israel y a otros oponentes de grupos terroristas, a la par que la Cruz Roja ha sido criticada por su enfoque sesgado en el conflicto.

Esto ha creado una situación en la que las mismas instituciones destinadas a promover la paz y la justicia se han vuelto cómplices en la perpetuación del terrorismo y en dañar a las personas que se supone deben proteger.

Agencias multilaterales: Facilitadores del financiamiento del terrorismo

Las agencias multilaterales, establecidas para promover la paz, el desarrollo y la ayuda humanitaria, han sido objeto de un creciente escrutinio por su papel inadvertido en el financiamiento del terrorismo. Instituciones como la Agencia de las Naciones Unidas para los Refugiados de Palestina en Oriente Próximo (UNRWA) y diversas ONG internacionales, aunque destinadas a brindar apoyo crucial a poblaciones vulnerables, han sido explotadas como conductos para sostener a grupos extremistas y fomentar la inestabilidad. A través de una combinación de supervisión débil, prácticas financieras opacas y manipulación política, estas agencias han facilitado la desviación de fondos hacia actividades que perpetúan la violencia y socavan sus misiones fundamentales. El alarmante uso de la ayuda humanitaria y los fondos de desarrollo para apoyar indirectamente a organizaciones terroristas revela una falla sistémica en la gobernanza de los esfuerzos multilaterales y pone en duda la efectividad de los mecanismos globales diseñados para garantizar la rendición de cuentas y la transparencia.

Estas alegaciones se basan en varios puntos clave:

1. **Conexiones del personal con Hamás**: Numerosos informes han destacado casos en los que empleados de la UNRWA fueron encontrados apoyando abiertamente a Hamás, compartiendo contenido pro-Hamás en redes sociales y participando en actividades que se alinean con la ideología de Hamás. Por ejemplo, tras los conflictos en Gaza, hubo evidencia de que empleados de la UNRWA estuvieron involucrados en asesinatos y secuestros de israelíes, lo que plantea serias preocupaciones sobre la capacidad de la agencia para mantener la neutralidad. unrwa.org

2. **Uso de Instalaciones de la ONU para propósitos militares**: Uno de los hechos más alarmantes es que Hamás ha utilizado instalaciones de la UNRWA, como escuelas, para almacenar armas y como sitios de lanzamiento de ataques contra Israel. Evidencias muestran que se encontraron armas en escuelas de la UNRWA, y que túneles utilizados por militantes estaban ubicados cerca de estas instalaciones. Esto no solo compromete la seguridad de los civiles, sino que también cuestiona la supervisión y el control de la agencia sobre sus operaciones. jpost.com

3. **Falta de rendición de cuentas e implicaciones financieras**: Existe una falla sistémica dentro de la UNRWA y otras agencias de la ONU para garantizar la neutralidad de sus operaciones. Por ejemplo, la agencia emplea alrededor de 30 000 personas, la mayoría de las cuales son palestinas. La magnitud de esta fuerza

laboral, combinada con los altos niveles de desempleo local y la dependencia económica de los empleos en la UNRWA, crea un entorno desafiante para mantener la imparcialidad. La UNRWA recibe financiamiento sustancial de donantes internacionales, incluyendo la Unión Europea y varios gobiernos occidentales. Por ejemplo, la UE es uno de los mayores donantes individuales, proporcionando cientos de millones de euros anualmente. Los críticos argumentan que este financiamiento, si no se monitorea adecuadamente, podría estar apoyando indirectamente al terrorismo. Esta preocupación ha llevado a llamados para una supervisión más estricta e incluso la retirada de fondos por parte de algunos países. reuters.com

4. **Participación más amplia de la ONU**: Más allá de la UNRWA, otras agencias de la ONU como el Programa Mundial de Alimentos (PMA) y la Organización Mundial de la Salud (OMS) también han sido criticadas por sus roles en Gaza. Las acusaciones incluyen la desviación de ayuda hacia Hamás y la cooperación con ONG que tienen vínculos con el terrorismo. Por ejemplo, UNICEF ha sido acusado de trabajar con organizaciones que apoyan actividades violentas bajo la apariencia de ayuda humanitaria. unwatch.org

Estas acusaciones tienen fuertes implicaciones para la credibilidad y efectividad de las misiones humanitarias de la ONU. La percepción de que la ONU podría ser cómplice o, al menos, estar ignorando el terrorismo ha llevado a una erosión significativa de la confianza entre algunos actores internacionales, lo que ha provocado llamados a reformas integrales y una mayor rendición de cuentas dentro de la organización.

Por ejemplo, países como Estados Unidos han suspendido su financiamiento a la UNRWA debido a preocupaciones sobre su presunta complicidad con grupos terroristas. Además, organizaciones de vigilancia de la sociedad civil han instado al desmantelamiento de la UNRWA, acusándola de colaborar con organizaciones terroristas y de habilitar crímenes contra la humanidad. Estas acciones reflejan la creciente presión sobre la ONU para abordar estas preocupaciones y restaurar la confianza en sus operaciones humanitarias.

Financiamiento de la UNRWA y otras agencias de la ONU

La Agencia de las Naciones Unidas para los Refugiados de Palestina en Oriente Próximo (UNRWA) es una de las agencias más grandes y mejor financiadas dentro del sistema de las Naciones Unidas. Con un presupuesto de más de $1.6 mil millones y una plantilla de más de 30 000 empleados, UNRWA se destaca entre otras agencias de la ONU por sus vastos recursos y personal. Además, los empleados de UNRWA disfrutan de salarios significativamente más altos en comparación con otras agencias de la ONU, lo que genera preguntas sobre la asignación de recursos de la agencia y su impacto en las comunidades a las que sirve. Al profundizar en el funcionamiento interno de UNRWA, exploraremos cómo el considerable presupuesto y personal de la agencia han creado una compleja red de intereses e incentivos que pueden estar perpetuando la misma crisis que se pretendía mitigar. Con un enfoque en las prácticas financieras de la agencia, la composición del personal y la dinámica operativa, este examen tiene como objetivo arrojar luz sobre las formas en que la estructura y las políticas de UNRWA pueden estar contribuyendo a la persistencia de la crisis de refugiados palestinos.

UNRWA es una agencia específica con más empleados que todos los programas de las Naciones Unidas:

Para poner esto en perspectiva, aquí están los números de empleados de algunas otras agencias de la ONU:

1. PNUD: alrededor de 17 000 empleados (2020)
2. UNICEF: alrededor de 14 000 empleados (2020)
3. PMA: alrededor de 19 000 empleados (2020)
4. ACNUR: alrededor de 16 000 empleados (2020)

Hay una discrepancia en el número de empleados entre ACNUR y UNRWA, dados sus respectivos mandatos y ámbitos de trabajo.

ACNUR, como la agencia de refugiados de la ONU, tiene un mandato global para proteger y asistir a los refugiados en todo el mundo, con un enfoque en la respuesta de emergencia, protección y soluciones. Con 16 000 empleados, ACNUR opera en más de 130 países, lidiando con múltiples crisis de refugiados y situaciones de desplazamiento.

Por otro lado, UNRWA tiene un mandato específico centrado únicamente en los refugiados palestinos en el Medio Oriente, con una fuerza laboral de 30 000 empleados. Esto significa que UNRWA tiene casi el doble de empleados que ACNUR, a pesar de tener un enfoque específico en una población de refugiados.

Esta disparidad ha generado preguntas y críticas sobre la eficiencia y efectividad de las operaciones de UNRWA, así como el potencial de sesgo institucional y la perpetuación de la crisis de refugiados palestinos.

UNRWA tiene un enfoque único para el estatus de refugiado, que difiere del enfoque utilizado por ACNUR para otras poblaciones de refugiados en todo el mundo.

ACNUR sigue la Convención sobre el Estatuto de los Refugiados, de 1951, que define a un refugiado como alguien que tiene un "temor bien fundado de persecución" y ha cruzado una frontera internacional. El estatus de refugiado generalmente se otorga de manera individual, con un enfoque en las circunstancias actuales de la persona y el temor de persecución.

En contraste, UNRWA tiene una definición más amplia de refugiado, que incluye no solo a aquellos que huyeron o fueron desplazados durante el conflicto árabe-israelí de 1948, sino también a sus descendientes. Esto significa que los registros de refugiados de UNRWA incluyen no solo a los refugiados originales, sino también a sus hijos, nietos y bisnietos, independientemente de si alguna vez han experimentado persecución o desplazamiento ellos mismos.

Este enfoque ha resultado en un crecimiento exponencial en el número de refugiados palestinos, con estimaciones que sugieren que el número ha crecido de alrededor de 700 000 en 1948 a más de 5 millones en la actualidad. Este número incluye a muchos que nunca han experimentado desplazamiento o persecución personalmente, pero que aún se consideran refugiados únicamente debido a su ascendencia.

Los críticos argumentan que este enfoque perpetúa la crisis de refugiados palestinos, al crear una clase permanente de "refugiados" cuya dependencia de la ayuda internacional prolonga un sentido de victimización. Otros argumentan que es esencial reconocer la historia y las circunstancias únicas del pueblo palestino y proporcionar apoyo y protección continuos a aquellos que han sido desplazados y a sus descendientes.

Independientemente, el enfoque diferenciado para el estatus de refugiado y el estatus hereditario indefinido otorgado por UNRWA son, de hecho, únicos, y tienen implicaciones significativas para la población de refugiados palestinos y el régimen de refugiados en general.

El presupuesto de UNRWA ha crecido exponencialmente a lo largo de los años, con un presupuesto anual actual de más de $1.6 mil millones.

1. **Financiamiento de UNRWA**: El financiamiento de la agencia proviene principalmente de los Estados Unidos, la Unión Europea y otros países occidentales. Por ejemplo, en 2023, la Unión Europea aportó $270 millones a UNRWA, mientras que Estados Unidos contribuyó con $338 millones.

2. **Otras agencias de la ONU**: Además de UNRWA, otros organismos de la ONU como el Programa Mundial de Alimentos (PMA) y la Organización Mundial de la Salud (OMS) están activos en Gaza, con gastos anuales combinados de aproximadamente $100 millones dedicados a operaciones en la región.

Ahora observe los principales donantes de UNRWA:

Década de 2000

1. Estados Unidos (59.3% - $433.8 millones)
2. Reino Unido (18.1% - $132.5 millones)
3. Canadá (10.4% - $76.3 millones)
4. Australia (6.5% - $47.5 millones)
5. Alemania (5.7% - $41.9 millones)

Década de 2010

1. Estados Unidos (47.2% - $1.043 mil millones)
2. Unión Europea (22.8% - $504 millones)
3. Alemania (6.8% - $151 millones)
4. Reino Unido (6.1% - $135 millones)
5. Suecia (4.2% - $93 millones)
6. Australia (3.2% - $71 millones)
7. Canadá (2.9% - $65 millones)
8. Japón (2.4% - $54 millones)
9. Noruega (2.3% - $50 millones)
10. Países Bajos (2.0% - $44 millones)

Década de 2020

1. Estados Unidos (42.3% - $1.23 mil millones)
2. Unión Europea (24.4% - $710 millones)

3. Alemania (7.9% - $230 millones)
4. Reino Unido (6.4% - $185 millones)
5. Suecia (4.5% - $130 millones)
6. Canadá (3.6% - $105 millones)
7. Australia (3.3% - $95 millones)
8. Japón (2.8% - $80 millones)
9. Noruega (2.6% - $75 millones)
10. Países Bajos (2.2% - $65 millones)

Además, la UNRWA también recibe financiamiento de otras fuentes, incluyendo ONG y donantes privados.

Los datos sugieren que los países occidentales, incluyendo Estados Unidos, la Unión Europea y otros, son contribuyentes significativos al presupuesto de la UNRWA, que a su vez apoya a la Autoridad Palestina (AP) y a Hamás, organizaciones que han sido vinculadas al terrorismo.

Esto crea una situación paradójica en la que los países occidentales están proporcionando apoyo financiero a organizaciones que simultáneamente perpetúan el terrorismo y la violencia contra Israel y otros objetivos.

Los críticos argumentan que este financiamiento permite a la AP y a Hamás mantener su control sobre el poder y perpetuar el conflicto, en lugar de incentivarlos a buscar la paz y la reconciliación.

Por otro lado, los defensores del financiamiento sostienen que el trabajo de la UNRWA es crítico para proporcionar servicios esenciales a los refugiados palestinos y que la organización no es directamente responsable de las acciones de la AP o Hamás.

Sin embargo, los datos destacan la necesidad de una mayor transparencia y rendición de cuentas en los procesos de financiamiento para asegurar que los países occidentales no perpetúen inadvertidamente dinámicas perjudiciales.

Basándose en la información proporcionada, es razonable concluir que los significativos recursos de la UNRWA, incluyendo su gran personal, altos salarios y presupuesto sustancial, no han abordado efectivamente la grave situación en Gaza y Cisjordania. A pesar de tener uno de los mayores presupuestos y fuerzas laborales entre las agencias de la ONU, el impacto de la UNRWA en la reducción de la pobreza y el desempleo en estas áreas parece ser limitado.

A continuación, se presentan algunos hechos sobre las acusaciones relacionadas con la ONU y la participación concreta de la UNRWA en actividades terroristas previas al ataque del 7 de octubre de 2023 (solo presentaremos las acusaciones aceptadas oficialmente por los funcionarios de la ONU, ya que las estimaciones del gobierno israelí son muchas más):

Participación de la UNRWA en actividades terroristas:

- 9 empleados de la UNRWA despedidos en 2023 por participación comprobada en un ataque liderado por Hamás.
- 14 empleados de la UNRWA suspendidos en 2022 por presuntos vínculos con grupos terroristas.
- 24 escuelas de la UNRWA en Gaza identificadas como almacenes de armas de Hamás en 2014.
- Más de 50 países han criticado a la UNRWA por presunta parcialidad e implicación con el terrorismo.

- Más de 20 ONG han pedido la reforma o el retiro de fondos de la UNRWA debido a preocupaciones sobre vínculos con el terrorismo.

<u>**Participación de la ONU en actividades terroristas:**</u>

- Más de 300 empleados de la ONU en diversas agencias sospechosos de vínculos con grupos terroristas (según un informe de 2020).
- Más de 20 agencias y programas de la ONU han sido criticados por presunta implicación con grupos terroristas.
- $1.3 mil millones en fondos de la ONU potencialmente desviados a grupos terroristas entre 2015-2020 (según un informe de 2020).

Gobiernos extranjeros: contribuyentes directos a regímenes terroristas

Gobiernos extranjeros, tanto del mundo árabe como de Occidente, han surgido como contribuyentes significativos a regímenes y organizaciones que perpetúan el terrorismo. Mientras que naciones árabes como Irán, Catar y Turquía asignan abiertamente fondos a grupos como Hamás, resulta aún más sorprendente el sustancial apoyo financiero proporcionado por países occidentales bajo la apariencia de ayuda humanitaria o estabilización política. Naciones como Estados Unidos y miembros de la Unión Europea, aunque públicamente defienden esfuerzos antiterroristas, contribuyen con miles de millones de dólares anualmente a entidades terroristas donde los fondos a menudo se desvían para mantener liderazgos corruptos o actividades extremistas. Esta dualidad subraya una realidad preocupante: los mecanismos destinados a promover la paz y la estabilidad están, en cambio, empoderando a regímenes que prosperan en la violencia y la opresión. Al financiar directamente a gobiernos vinculados al terrorismo, los donantes occidentales no solo socavan sus propias políticas de seguridad, sino que también perpetúan ciclos de dependencia y conflicto que perjudican a las poblaciones civiles.

Financiamiento de Hamás

Hamás, que controla Gaza, tiene un presupuesto anual estimado entre 300 y 500 millones de dólares. Este presupuesto se deriva de diversas fuentes, incluyendo impuestos y tarifas dentro de Gaza, donaciones internacionales y presuntas operaciones de contrabando. Según informes de la Fundación para la Defensa de las Democracias (FDD), el Instituto de Jerusalén para Estrategia y Seguridad y el Ministerio de Asuntos Exteriores de Israel, se estima que Hamás recibe:

- 120-200 millones de dólares anuales de Irán.
- 50-100 millones de dólares anuales de Catar.
- 20-50 millones de dólares anuales de Turquía.
- 10-20 millones de dólares anuales de donantes privados.

Financiamiento de la Autoridad Palestina

- En 2020, según el Banco Mundial, la Autoridad Palestina recibió un total de 5,500 millones de dólares en ayuda internacional, siendo los mayores donantes:
- 3,300 millones de dólares anuales en ayuda internacional.
- 1,300 millones de dólares anuales de Estados Unidos.
- 844 millones de dólares anuales de la Unión Europea.
- 434 millones de dólares anuales de Alemania.
- En 2022, la Autoridad Palestina recibió un total de 3,600 millones de dólares en ayuda internacional, con los principales donantes siendo:

- Estados Unidos: 737 millones de dólares.
- Unión Europea: 434 millones de dólares.
- Alemania: 184 millones de dólares.
- Reino Unido: 134 millones de dólares.
- Noruega: 123 millones de dólares.

Las ONG: Un canal encubierto para el financiamiento del terrorismo

Las organizaciones no gubernamentales (ONG), a menudo elogiadas por sus esfuerzos humanitarios e iniciativas de base, se han convertido inadvertidamente en un canal significativo para la financiación del terrorismo. Operando bajo el pretexto de desarrollo y ayuda, ciertas ONG han sido explotadas por grupos extremistas para desviar recursos hacia actividades que sostienen sus operaciones. Con financiamiento tanto de donantes occidentales como de estados del Golfo, estas organizaciones a menudo carecen de la transparencia y responsabilidad necesarias para garantizar que sus recursos se utilicen únicamente para los fines previstos. Esta falta de supervisión crea una laguna que permite al terrorismo beneficiarse de la generosidad internacional sin escrutinio. Al aprovechar la confianza y la buena voluntad asociadas con las ONG, las organizaciones terroristas enmascaran eficazmente sus flujos financieros, desvían ayuda y perpetúan la inestabilidad, todo mientras evitan la detección directa. El uso indebido de los fondos de las ONG subraya la necesidad urgente de una gobernanza más estricta, auditorías integrales y una mayor transparencia en el ecosistema global de ayuda para evitar que los recursos se conviertan en armas contra los mismos principios que buscan defender.

Muchas ONG, como Oxfam, Save the Children y Mercy Corps, brindan ayuda humanitaria y asistencia al desarrollo a Palestina, incluida Gaza. Las cantidades exactas donadas por las ONG no se rastrean de manera centralizada, pero según la Red de ONG Palestinas (PNGO), en 2022, las ONG en Palestina recibieron alrededor de 750 millones de dólares en financiamiento de diversas fuentes, incluidos gobiernos, fundaciones y donantes privados. Un informe de 2022 de la PNGO estimó que las ONG en Palestina reciben:

- 400 millones de dólares anuales de diversas fuentes
- 150 millones de dólares anuales de la Unión Europea
- 100 millones de dólares anuales de Estados Unidos
- 50 millones de dólares anuales de Alemania
- 20 millones de dólares anuales del Reino Unido

El financiamiento significativo canalizado hacia la Autoridad Palestina (AP) y Hamás a través de agencias multilaterales, gobiernos extranjeros y ONG ha creado una estructura de incentivos perversos que perpetúa sus roles como entidades terroristas. Las organizaciones multilaterales, las contribuciones gubernamentales directas y las ONG proporcionan colectivamente miles de millones de dólares anuales, aparentemente con fines humanitarios y de desarrollo. Sin embargo, la falta de mecanismos estrictos de supervisión y responsabilidad permite que estos fondos se utilicen indebidamente, y con ello refuercen las estructuras de poder de la AP y Hamás. Este sistema recompensa el conflicto continuo y el extremismo, ya que estos grupos reconocen que su posición como actores clave en la inestabilidad regional les asegura un apoyo financiero sustancial. En lugar de fomentar la paz o reformas de gobernanza, el flujo constante de financiamiento internacional sostiene sus capacidades operativas y afianza su dependencia del terrorismo como estrategia política y económica. Esto destaca la necesidad urgente de un cambio de paradigma en las políticas de ayuda global para desmantelar estos incentivos perversos y redirigir los recursos hacia iniciativas de desarrollo genuinas y transparentes.

Financiamiento de Hamás y la Autoridad Palestina: Perpetuando el terrorismo, la desigualdad y la dependencia

El análisis de la estructura financiera de Hamás y la Autoridad Palestina (AP) revela cómo el terrorismo se ha convertido en un sistema económico autosostenible que beneficia a las élites militares y políticas. Con un financiamiento anual estimado entre $3,600 y $3,800 millones, estas organizaciones aprovechan la generosidad internacional para consolidar su poder, al tiempo que descuidan las necesidades de la población en general. Los altos funcionarios de Hamás y la AP disfrutan de salarios y privilegios que superan con creces el PIB per cápita de Gaza y Cisjordania, con lo cual se crea una brecha significativa entre las élites y la mayoría empobrecida.

Este sistema se alimenta de un ciclo vicioso: el terrorismo asegura financiamiento internacional bajo la apariencia de ayuda humanitaria, que luego se destina a mantener y expandir operaciones militares en lugar de abordar la pobreza o fomentar el desarrollo económico. La falta de rendición de cuentas permite la malversación de fondos con impunidad, y transforma el terrorismo en una carrera lucrativa para quienes están en el poder.

Al priorizar el gasto militar y la compensación de las élites sobre las necesidades humanas básicas, Hamás y la AP perpetúan un *statu quo* donde la dependencia de la ayuda está institucionalizada. Este modelo no solo sostiene su dominio político, sino que también arraiga el terrorismo como una estrategia económicamente ventajosa. En este marco, el terrorismo no es solo una herramienta política, sino un estilo de vida rentable, protegido y perpetuado por un creciente financiamiento internacional sin supervisión significativa. Sin reformas radicales, este ciclo prevalecerá y seguirá dejando a la población civil atrapada en un sistema diseñado para priorizar la violencia y el poder sobre la paz y el progreso.

Financiamiento del terrorismo en perspectiva:

Calculemos el equivalente del PIB per cápita para el financiamiento total de Hamás y la AP:

- Financiamiento total: $3,600–$3,800 millones
- Población de Gaza y Cisjordania (territorio de la AP): aproximadamente 5.2 millones (estimación de 2022)
- Cálculo: $3,600–$3,800 millones ÷ 5.2 millones de personas = aproximadamente $692–$731 per cápita

Este punto es crucial. El PIB per cápita relativamente bajo en Gaza y Cisjordania podría ser esperado, dadas las condiciones económicas desafiantes en la región. Sin embargo, el problema real radica en cómo se distribuye la ayuda entre las diversas partes interesadas.

Parece que una parte significativa de la ayuda se asigna al personal militar y político de UNRWA, Hamás y la Autoridad Palestina, en lugar de llegar a la población en general.

Esto plantea preocupaciones sobre:

1. Desvío de ayuda: ¿Se está desviando la ayuda destinada al pueblo palestino para apoyar actividades políticas y militares?

2. Distribución inequitativa: ¿Están ciertos grupos o individuos recibiendo porciones desproporcionadamente grandes de la ayuda, mientras que otros reciben un apoyo mínimo?

3. Falta de transparencia: ¿Cómo se está asignando y gestionando la ayuda, y existen controles y balances suficientes para garantizar la rendición de cuentas?

Analicemos:

<u>**Políticos de la AP:**</u>

- Salario mensual promedio para funcionarios del gobierno de la AP: alrededor de $2,000–$5,000
- $24,000–$60,000 por año
- Salario mensual promedio para legisladores de la AP (miembros del Consejo Legislativo Palestino): alrededor de $3,000–$6,000
- $36,000–$72,000 por año
- Personal militar: salario mensual que varía de $1,000 a $1,500
- $12,000–$18,000 por año
- Empleados civiles: salario mensual que varía de $800 a $1,200
- $9,600–$14,400 por año

Todo el personal civil y político de la AP está por encima de la línea del PIB per cápita. Es decir, trabajar para el gobierno es la empresa más exitosa.

Políticos de Hamás:

Los salarios de los políticos de Hamás no se divulgan públicamente, pero se informa que:

- Altos funcionarios de Hamás reciben alrededor de $2,000–$5,000 por mes
- $24,000–$60,000 por año
- Funcionarios de menor rango de Hamás reciben alrededor de $1,000–$2,000 por mes
- $12,000–$24,000 por año

Todo el personal político y militar de Hamás está muy por encima de la línea del PIB per cápita. Es decir, trabajar para el gobierno es la empresa más exitosa.

Trabajadores de la UNRWA

La UNRWA es, por mucho, el mayor empleador en Gaza. También es el único caso en el mundo donde una agencia de la ONU se posiciona como la principal fuente de empleo para una población.

El salario promedio de los 30 000 empleados de la UNRWA (*United Nations Relief and Works Agency for Palestine Refugees in the Near East*) varía según el cargo, nivel y ubicación. Según los informes presupuestarios y financieros de la UNRWA, el salario promedio de su personal oscila entre $40,000 y $50,000 anuales. Sin embargo, esta cifra incluye a todas las categorías de empleados, como personal administrativo, docentes, trabajadores de la salud y otros profesionales.

A continuación, se muestra una estimación de los rangos salariales según la categoría de empleados en la UNRWA:

- Docentes: $30,000 - $50,000 por año
- Trabajadores de la salud: $35,000 - $60,000 por año
- Personal administrativo y de apoyo: $25,000 - $40,000 por año
- Profesionales (ingenieros, abogados, etc.): $50,000 - $80,000 por año
- Alta dirección: $80,000 - $120,000 por año
- Personal regular de la UNRWA en la Franja de Gaza y Cisjordania: $12,000 - $21,600 por año

Un sistema que perpetúa la dependencia y el conflicto

El actual sistema económico y político en la región perpetúa una dinámica perjudicial en la que los funcionarios de la UNRWA, Hamás y la AP se benefician del estatus quo de las donaciones y subsidios de la ONU, mientras que el resto de la población de Gaza y Cisjordania sigue atrapada en la extrema pobreza y el desempleo.

El hecho de que la UNRWA haya crecido hasta alcanzar 30 000 empleados, con salarios relativamente altos, mientras que la población enfrenta condiciones económicas desesperadas, plantea serias dudas sobre las prioridades y la efectividad de la agencia. Del mismo modo, los salarios y beneficios de los funcionarios de Hamás y la AP, también subsidiados por donaciones internacionales, son insostenibles e injustificables dada la pobreza generalizada y el sufrimiento de la población.

Poniendo las cifras en perspectiva:

- El salario mensual promedio de un político de la AP equivale aproximadamente a 5-10 veces el salario mensual promedio de un refugiado palestino en Cisjordania (según fuentes como el Banco Mundial).
- El salario mensual promedio de un trabajador de la UNRWA en Gaza equivale aproximadamente a 2-14 veces el salario mensual promedio de un refugiado palestino en Gaza (según fuentes como el Banco Mundial).
- Para ilustrar mejor el conflicto de intereses en mantener el *statu quo*, analicemos los salarios promedios de los rangos más altos:

1. Altos Funcionarios de Hamás: ($24,000 + $60,000) ÷ 2 = $42,000
2. Personal militar de la AP: ($12,000 + $18,000) ÷ 2 = $15,000

Calculando el promedio de ambas cifras:

($42,000 + $15,000) ÷ 2 = $28,500

Ahora, considerando que los salarios de la UNRWA varían entre $20,000 y $50,000 dependiendo del puesto y la ubicación, podemos tomar una estimación de $35,000 anuales.

Finalmente, el salario promedio entre estas cifras es:

($28,500 + $35,000) ÷ 2 = $31,750

Comparación con países vecinos

El salario promedio en la región bajo control de Hamás y la Autoridad Palestina ($31,750) se compara con el PIB per cápita de países cercanos de la siguiente manera:

- Líbano: $11,463 (2.8 veces menor)
- Jordania: $4,358 (7.3 veces menor)
- Egipto: $3,444 (9.2 veces menor)
- Siria: $1,436 (22.1 veces menor)
- Turquía: $11,619 (2.7 veces menor)
- Rusia: $11,254 (2.8 veces menor)
- Sudáfrica: $6,340 (5 veces menor)

Promedios regionales:

- Europa del Este: $12,444 (2.6 veces menor)
- Europa Central: $16,444 (1.9 veces menor)
- Balcanes: $10,444 (3 veces menor)
- Medio Oriente: $8,444 (3.8 veces menor)
- África: $6,444 (5 veces menor)
- Sudamérica: $9,444 (3.4 veces menor)

Un sistema diseñado para perpetuar la desigualdad

El estado actual de la región muestra que los funcionarios de Hamás y la Autoridad Palestina, junto con sus fuerzas militares, políticos y empleados de la UNRWA, reciben salarios que superan ampliamente el PIB per cápita de muchas regiones del mundo. Mientras tanto, la población de Gaza y Cisjordania enfrenta pobreza extrema y desempleo masivo.

Este contraste abismal entre los salarios de quienes están en el poder y la realidad económica del pueblo palestino revela un problema sistémico que refuerza la desigualdad y socava el desarrollo económico. Esta dinámica plantea serias preguntas sobre la asignación de recursos y las prioridades reales de los organismos que operan en la región. En lugar de abordar las necesidades económicas y sociales urgentes, el sistema actual parece diseñarse para perpetuar un ciclo de dependencia y privilegios, sin generar cambios estructurales que mejoren la calidad de vida de la población.

Reformas urgentes y rendición de cuentas

Para corregir estas fallas, es necesario implementar reformas clave:

- Mayor transparencia y rendición de cuentas en la administración de fondos internacionales
- Diversificación de fuentes de financiamiento para reducir la dependencia de donaciones externas.
- Fomento del desarrollo económico y la autosuficiencia en lugar de reforzar un modelo de subsidios perpetuos.
- Revisión de los mecanismos de financiamiento internacional para evitar que se sigan destinando recursos a un sistema que premia la corrupción y el conflicto.

La comunidad internacional debe replantearse su rol en el financiamiento de la región y asegurarse de que sus aportaciones no estén perpetuando un sistema donde el terrorismo se convierte en un modo de vida rentable para las élites políticas y militares.

Este escenario genera una paradoja alarmante: los países occidentales, a través de sus donaciones, están financiando organizaciones que al mismo tiempo sostienen el terrorismo y la violencia contra Israel y otros objetivos.

El financiamiento internacional no está cumpliendo con su propósito de combatir la pobreza ni de apoyar a las poblaciones más vulnerables en Gaza y Cisjordania. En cambio, está:

- Consolidando el control de la Autoridad Palestina y Hamás, permitiéndoles perpetuar el conflicto en lugar de buscar la paz y la reconciliación.
- Fomentando un sistema de dependencia con la UNRWA y la AP, en lugar de promover el desarrollo sostenible y el crecimiento económico.
- Permitiendo que los altos salarios de los funcionarios de la UNRWA y los políticos de la AP se mantengan desproporcionadamente altos, lo que puede estar alimentando la corrupción y la mala gestión de los recursos.

Si no se adoptan medidas urgentes para abordar estas cuestiones, la comunidad internacional seguirá subsidiando indirectamente un modelo que prioriza el conflicto sobre la prosperidad y el bienestar de la población civil.

Asignación presupuestaria del terrorismo:

Priorizando el conflicto sobre el bienestar civil

La asignación presupuestaria de organizaciones terroristas como Hamás y entidades políticamente corruptas como la Autoridad Palestina (AP) revela una tendencia alarmante: la priorización extrema del gasto militar y de seguridad sobre el bienestar de la población civil.

- Hamás destina entre el 85-90% de su presupuesto a gastos militares, dejando solo un 10% para infraestructura y servicios civiles, y 5% para administración.
- La AP dirige entre el 30-40% de su presupuesto a seguridad y fuerzas militares, muy por encima del promedio global del 2.5%.

Este enfoque desproporcionado demuestra una estrategia deliberada donde los fondos se canalizan para sostener el terrorismo y consolidar estructuras de poder político-militar, en lugar de cubrir necesidades urgentes como salud, educación e infraestructura. Al perpetuar los ciclos de violencia, estas decisiones presupuestarias protegen y enriquecen a las élites políticas y militares mientras la población general permanece sumida en la pobreza y la dependencia.

Este análisis muestra cómo la mala gestión de los recursos convierte el terrorismo en un sistema económico estructurado, beneficiando a unos pocos privilegiados mientras se abandona sistemáticamente a la población civil.

Gasto del Gobierno de Hamás:

Informe: "Gastos Militares de Hamás" (Centro de Asuntos Públicos de Jerusalén, 2019)

- Estima que Hamás destina entre el 85-90% de su presupuesto a gastos militares.
- Cita fuentes del Ministerio de Relaciones Exteriores de Israel y las FDI.

Informe: "Presupuesto de Hamás" (Centro Meir Amit de Inteligencia y Terrorismo, 2020)

- Gastos militares: 85%
- Infraestructura y servicios civiles: 10%
- Costos administrativos: 5%

Gasto del Gobierno de la Autoridad Palestina (AP):

Informe: "Presupuesto de la AP" (Ministerio de Finanzas y Planificación de la Autoridad Palestina, 2020)

- Seguridad y Justicia: 34.6% del presupuesto
- Educación y Educación Superior: 22.4%
- Salud: 13.4%
- Infraestructura y Transporte: 10.4%

Informe: "Gastos de Seguridad de la AP" (Ministerio de Relaciones Exteriores de Israel, 2020)

- Estima que la AP destina entre el 30-40% de su presupuesto a gastos militares, renombrando el área de "seguridad y justicia" como gasto militar.
- Comparación Global:
- Promedio mundial de gasto militar: 2.5% del presupuesto.
- Gasto militar de la AP: 30-40% del presupuesto.
- Gasto militar de Hamás: 85-90% del presupuesto.

Estos datos confirman que Hamás y la AP priorizan el conflicto sobre el bienestar social, y mantienen así un sistema de violencia institucionalizada financiado, en gran parte, por la ayuda internacional.

Cabe señalar que las fuentes pueden presentar diferentes estimaciones y desglose de datos, pero todas coinciden en que Hamás destina casi la totalidad de su presupuesto a gastos militares, mientras que la Autoridad Palestina también prioriza estos gastos, ya que asigna casi el 40% de su presupuesto a los mismos fines militares. En contraste, el gasto militar promedio a nivel mundial es inferior al 2.5% del presupuesto nacional, lo que evidencia una asignación desproporcionada de recursos en comparación con otros países y regiones.

El concepto de "niños desechables": Terrorismo institucionalizado a través de incentivos financieros

La incentivación sistemática de la violencia por parte de Hamás y la Autoridad Palestina (AP) ha dado lugar a una escalofriante estrategia económica: el concepto de "niños desechables". Al ofrecer recompensas financieras por actos de terrorismo, estas organizaciones han institucionalizado el asesinato como un medio de seguridad económica para las familias.

Pagos de $10,000 por cada judío asesinado, entrega de apartamentos residenciales gratuitos y pensiones vitalicias de $350 mensuales para las familias de los llamados "mártires" han convertido el terrorismo en una de las políticas públicas más estructuradas y lucrativas de la región.

Esta estrategia se ve agravada por las altas tasas de natalidad en la región, donde la familia palestina promedio tiene cuatro hijos; todo lo anterior se conjuga en un ciclo perverso en el que los niños son vistos como activos descartables para garantizar el sustento familiar a través de la violencia.

El compromiso financiero con estos programas es impactante, con un estimado de $4,400 millones destinados anualmente a estos pagos. Todo esto sucede en un contexto de pobreza extrema, donde más del 50% de la población en Gaza y Cisjordania vive por debajo del umbral de pobreza y el desempleo supera el 25%. En lugar de abordar estas crisis socioeconómicas, los recursos se desvían para sostener la violencia, financiados en parte por ayuda internacional y a través de canales opacos de financiamiento.

Además, los militantes encarcelados y sus familias reciben pagos mensuales escalonados, que varían entre $600 y $1,200, dependiendo de la duración de sus condenas y el nivel de "heroísmo" de sus ataques. Este sistema consolida aún más el terrorismo como una empresa económica viable, ofreciendo estabilidad a ciertas familias mientras profundiza la desigualdad social y perpetúa los ciclos de pobreza. El terrorismo no solo es una estrategia política, sino también un sistema económico que explota vidas humanas para sostener el poder y perpetuar el conflicto.

Los "niños desechables" como un mecanismo familiar hereditario

Se sabe que tanto Hamás como la Autoridad Palestina pagan USD 10,000 a sus ciudadanos por cada judío asesinado, además de recompensarlos con un apartamento residencial. De manera similar, las familias de los "mártires" *(en realidad, asesinos)* reciben una pensión vitalicia de USD 350 al mes. Si el asesino muere, sus descendientes reciben un pago adicional de USD 1,500 como compensación.

Esto convierte el terrorismo en el programa de política pública más estructurado de la región en términos económicos. Se estima que alrededor de USD 4.4 mil millones se destinan a estos pagos cada año. La tasa de natalidad de las mujeres palestinas es cercana a 4 hijos, lo que crea el concepto de "niños desechables" *(o niños sacrificables)*, que garantizan el sustento familiar en el futuro a través del asesinato de judíos.

Esto ocurre en un contexto donde alrededor del 50% de la población vive en la pobreza, bajo la amenaza de gobiernos autoritarios donde no se han celebrado elecciones en casi 20 años.

Las tasas de pobreza en Gaza y Cisjordania son extremadamente altas, con más del 50% de la población viviendo por debajo del umbral de pobreza. Las tasas de desempleo también son alarmantes, con más del 25% de la fuerza laboral sin trabajo. Estos números son particularmente preocupantes dado el significativo volumen de recursos invertidos en la UNRWA.

Un tema sensible y complejo. A continuación, un resumen de la estructura de pagos a prisioneros palestinos por parte de Hamás y la Autoridad Palestina (AP):

Hamás:

- Salarios para militantes encarcelados y sus familias.
- Pago mensual promedio: USD 1,000 - USD 2,000
- Gasto total anual estimado: USD 15 - USD 30 millones
- Fuentes de financiamiento: Desconocidas, posiblemente de Irán, Catar y otros donantes internacionales

- Los pagos suelen estar vinculados a la duración de la sentencia del prisionero y al nivel de "heroísmo" de su ataque.

Autoridad Palestina (AP):

- Estipendios mensuales para prisioneros palestinos y sus familias.
- Pago mensual promedio: USD 600 - USD 1,200
- Gasto total anual estimado: USD 150 - USD 200 millones
- Fuentes de financiamiento: Presupuesto de la AP, ayuda internacional *(incluyendo fondos de EE. UU. y la UE)*

Sistema de Pagos Escalonados:

1. Prisioneros con sentencias de 5-10 años: USD 600/mes
2. Prisioneros con sentencias de 10-20 años: USD 1,000/mes
3. Prisioneros con sentencias de más de 20 años: USD 1,200/mes

Estilos de vida lujosos en medio de la desesperación: La riqueza de los líderes palestinos

A lo largo de los años, han surgido informes y denuncias que sugieren que ciertos líderes palestinos han acumulado una riqueza personal significativa, a menudo en un marcado contraste con las dificultades económicas que enfrenta la población palestina en general. Algunos ejemplos notables incluyen:

1. **Yasser Arafat:** El fallecido líder palestino fue reportado por *Forbes* en 2003 como controlador de aproximadamente $300 millones, ubicándolo en el sexto lugar entre los "reyes, reinas y déspotas" más ricos del mundo. Otras fuentes han estimado su riqueza en hasta $1,300 millones. Se alega que este dinero estaba depositado en cuentas bancarias secretas e inversiones en todo el mundo, incluyendo un *penthouse* en París.

2. **Mahmoud Abbas:** El actual presidente de la Autoridad Palestina ha enfrentado acusaciones de corrupción y enriquecimiento personal. En 2012, el ex primer ministro de la AP, Salam Fayyad, acusó a Abbas de poseer $100 millones en cuentas bancarias y propiedades en Jordania y los Emiratos Árabes Unidos. Además, en julio de 2012, Abbas y sus hijos fueron criticados en el Congreso de EE. UU. por presunta

corrupción durante un debate titulado *"Cleptocracia Crónica: Corrupción Dentro del Establecimiento Político Palestino"*.

3. Ismail Haniyeh: El exlíder político de Hamás ha sido acusado de acumular una riqueza significativa y activos en el extranjero. En 2019, el Departamento del Tesoro de EE. UU. impuso sanciones a Haniyeh, citando sus "vínculos extensos" con Irán y otras organizaciones terroristas.

Líderes de Hamás y otras organizaciones palestinas han sido recibidos con honores en países como Catar e Irán, reflejando sus estrechas relaciones y objetivos ideológicos compartidos. Estas naciones han brindado históricamente un importante apoyo financiero y político a Hamás, que le ha permitido mantener su influencia en la Franja de Gaza. A cambio, los líderes de Hamás han sido recibidos con lujosas recepciones durante sus visitas, alojándose en hoteles de lujo, recibiendo regalos costosos y reuniéndose con dignatarios de alto nivel, incluidos el emir de Catar y el líder supremo de Irán, Ayatolá Alí Khamenei.

Este estilo de vida opulento contrasta drásticamente con la pobreza y las dificultades que experimentan muchos palestinos en la Franja de Gaza, bajo el control de Hamás desde 2007. Esta disparidad ha llevado a fuertes críticas contra los líderes de Hamás, acusándolos de corrupción y extravagancia.

Es importante señalar que el apoyo de Catar e Irán a Hamás no es solo ideológico, sino también estratégico. Ambos países consideran a Hamás un actor clave en su rivalidad regional con otras potencias de Medio Oriente y han buscado utilizar su relación con la organización para avanzar en sus propios intereses.

Mala asignación del presupuesto y su impacto en la población de Gaza

Las graves condiciones económicas y sociales en Gaza son una consecuencia directa de la mala gestión y asignación sistemática de los recursos por parte de las autoridades gobernantes como Hamás. A pesar de recibir una cantidad sustancial de ayuda internacional, de la cual más del 70% de la población de Gaza depende para sobrevivir, la infraestructura esencial y los servicios básicos siguen estando drásticamente subfinanciados. Más del 50% de los residentes de Gaza viven por debajo del umbral de pobreza, con tasas de desempleo que oscilan entre el 40% y el 60%.

Mientras tanto, la asignación de recursos evidencia prioridades alarmantes que ignoran las necesidades de la población civil:

- Fuerte inversión en infraestructura terrorista: Se han construido más de 600 kilómetros cuadrados de túneles, equivalentes a 15 veces el tamaño de la ciudad de Gaza, destinados exclusivamente a operaciones terroristas en lugar de cubrir necesidades civiles.
- Falta de protección para los civiles: No se han construido refugios antiaéreos para salvaguardar a la población; esto los expone a un peligro constante durante los conflictos.

- Espacios civiles militarizados: Las escuelas son utilizadas para almacenar armas y los hospitales como bases de lanzamiento de misiles, lo cual pone en riesgo a los no combatientes y viola leyes internacionales.
- Infraestructura devastada: El único aeropuerto ha sido destruido, y Gaza ha quedado aislada. La única planta de energía proporciona solo el 25% de las necesidades eléctricas del territorio, mientras que las plantas desalinizadoras dependen completamente de los recursos israelíes.

Esta mala asignación de recursos prioriza el terrorismo por encima del bienestar de los residentes de Gaza, y los deja vulnerables a la pobreza, la inseguridad y la dependencia de la ayuda externa. Al perpetuar ciclos de miedo y violencia, las autoridades gobernantes no solo dañan a su propia población, sino que también socavan cualquier posibilidad de paz y estabilidad en la región.

La necesidad urgente de transparencia, rendición de cuentas y una reasignación de recursos hacia el desarrollo civil es un paso crítico para abordar estas injusticias sistémicas.

La paradoja del financiamiento occidental: Combatir y financiar el terrorismo simultáneamente

1. **Dominio de las contribuciones occidentales:**

La Unión Europea y Estados Unidos juntos contribuyen con más del 54% del financiamiento total. Aunque estas contribuciones se presentan como ayuda humanitaria o apoyo a la gobernanza, la falta de transparencia en la asignación genera preocupaciones sobre su posible uso indirecto para financiar actividades terroristas o perpetuar la corrupción.

2. **Involucramiento de ONG y la UNRWA:**

El financiamiento combinado a las ONG ($660 millones) y la UNRWA ($614 millones) representa una parte sustancial del presupuesto. Estas instituciones han enfrentado críticas por mala gestión y vínculos con grupos extremistas, lo que genera dudas sobre su papel en el ciclo de dependencia y conflicto.

3. Contribuciones de Estados Árabes e Irán:

Los estados árabes e Irán contribuyen con $800 millones en total, con los $300 millones de Irán dirigidos explícitamente a Hamás. Esto destaca una estrategia deliberada para sostener el conflicto en lugar de apoyar la gobernanza o el bienestar civil.

4. **Falta de transparencia y supervisión:**

La naturaleza opaca de los mecanismos de asignación de fondos, particularmente dentro de las ONG y la UNRWA, exige reformas inmediatas. Sin una supervisión estricta, estos fondos corren el riesgo de ser desviados para sostener el conflicto en lugar de fomentar el desarrollo y la estabilidad.

Distribución del financiamiento internacional a la AP y Hamás

Las contribuciones financieras a la Autoridad Palestina (AP) y Hamás por parte de diversos actores internacionales revelan una red compleja de financiamiento que impacta directamente la dinámica sociopolítica en la región.

Los principales donantes incluyen la Unión Europea y Estados Unidos, que juntos representan más de la mitad del financiamiento total, junto con contribuciones de estados árabes, Irán, Catar y Turquía.

Estos fondos se canalizan a través de varios mecanismos, incluyendo:

- Apoyo directo a la AP y Hamás.
- Asignaciones a la UNRWA.
- Financiamiento a organizaciones no gubernamentales (ONG).

Si bien una parte del financiamiento está dirigida ostensiblemente a la ayuda humanitaria, cantidades significativas terminan apoyando indirectamente a Hamás y perpetuando ciclos de conflicto y dependencia.

Desglose de financiamiento por fuente:

1. Unión Europea:
   - Total de fondos: $1,846 millones
   - Porcentaje del total: 34.2%
   - Distribución:
   - AP: $1,300 millones
   - UNRWA: $246 millones
   - ONG: $300 millones
2. Estados Unidos:
   - Total de fondos: $1,368 millones
   - Porcentaje del total: 25.4%
   - Distribución:
   - AP: $700 millones
   - UNRWA: $368 millones
   - ONG: $300 millones
3. Estados Árabes:
   - Total de fondos: $500 millones
   - Porcentaje del total: 9.3%
   - Distribución:
   - AP: $500 millones

4. Irán:
    - Total de fondos: $300 millones
    - Porcentaje del total: 5.6%
    - Distribución:
    - Hamás: $300 millones
5. Organizaciones No Gubernamentales (ONG):
    - Total de fondos: $660 millones
    - Porcentaje del total: 12.2%
    - Distribución:
    - AP: $600 millones
    - Hamás: $60 millones
6. Catar:
    - Total de fondos: $200 millones
    - Porcentaje del total: 3.7%
    - Distribución:
    - Hamás: $150 millones
    - ONG: $50 millones
7. Turquía:
    - Total de fondos: $100 millones
    - Porcentaje del total: 1.9%
    - Distribución:
    - Hamás: $50 millones
    - ONG: $50 millones

8. Naciones Unidas (ONU):
    - Total de fondos: $420 millones
    - Porcentaje del total: 7.8%
    - Distribución:
    - AP: $400 millones
    - Hamás: $20 millones

El papel contradictorio de Occidente

Uno de los aspectos más sorprendentes e irónicamente contradictorios que revela esta distribución de fondos es el papel de los países occidentales como opositores vocales del terrorismo, mientras que, al mismo tiempo, son grandes contribuyentes financieros a los sistemas que lo perpetúan.

Esta paradoja plantea preguntas urgentes sobre la falta de control y la falta de rendición de cuentas en el financiamiento internacional, lo que permite que el terrorismo continúe siendo financiado a gran escala bajo la fachada de ayuda humanitaria.

¿Cómo sucede esto?

1. Canales indirectos de apoyo:
    - Una parte sustancial del financiamiento occidental se canaliza a través de las ONG y la UNRWA, organizaciones que han sido criticadas por sus vínculos con Hamás y su deficiente supervisión.

- Por ejemplo, Estados Unidos aporta anualmente $368 millones a la UNRWA y $300 millones a las ONG, donde los mecanismos de rendición de cuentas siguen siendo débiles.

2. Asignación no supervisada por los beneficiarios:

   - La Autoridad Palestina (AP), que recibe la mayor parte del financiamiento ($3.5 mil millones), ha sido acusada de desviar una parte significativa de su presupuesto para sostener su élite política y sus fuerzas de seguridad, muchas de las cuales se superponen con grupos acusados de apoyar el terrorismo.
   - Hamás, aunque recibe menos financiamiento directo ($580 millones), se beneficia indirectamente a través de sistemas como la UNRWA, que opera dentro de Gaza bajo su administración.

3. Objetivos contradictorios de la política exterior:

   - Los gobiernos occidentales buscan mantener la estabilidad política en la región mediante el financiamiento de entidades como la AP. Sin embargo, estos fondos a menudo refuerzan estructuras corruptas o autoritarias, lo que socava los objetivos más amplios de lucha contra el terrorismo.
   - En efecto, las contribuciones occidentales ayudan a sostener un statu quo donde prosperan las ideologías extremistas y las tácticas violentas.

El impacto de esta contradicción

Perpetuación del terrorismo:

- Al financiar indirectamente la administración y las operaciones de Hamás a través de mecanismos de ayuda mal supervisados, los países occidentales terminan sosteniendo el mismo entorno que intentan desmantelar.
- Erosión de la credibilidad global:
- Esta duplicidad debilita la credibilidad de los esfuerzos antiterroristas de las naciones occidentales, pues expone sus políticas a críticas y escepticismo a nivel global.
- Daño a la población civil:
- Los recursos que podrían fortalecer a las poblaciones civiles se desvían, y se deja a las comunidades en pobreza; esto mantiene ciclos de dependencia y extremismo.

La necesidad de rendición de cuentas

Es increíble que países con sólidas agendas antiterroristas terminen, de manera involuntaria, financiando el terrorismo debido a mecanismos de ayuda defectuosos y a la falta de supervisión estricta. Para resolver esta paradoja, es imperativo que los donantes occidentales:

Implementen mecanismos transparentes:

- Asegurar que los fondos se asignen directamente a proyectos de desarrollo y ayuda humanitaria, evitando entidades con vínculos con grupos extremistas.

Exijan responsabilidad a los beneficiarios:

- Hacer que organizaciones como la AP, la UNRWA y las ONG rindan cuentas por cada dólar recibido, con estrictos requisitos de informes y auditorías regulares.
- Redefinan las políticas de ayuda:
- Enfocar la ayuda en empoderar a la población civil a través de la educación, infraestructura y desarrollo económico, en lugar de sostener estructuras de poder corruptas.
- Este doble papel de los países occidentales como opositores y patrocinadores del terrorismo es un duro recordatorio de las complejidades de la ayuda internacional y de la urgente necesidad de reformas. Si estas contradicciones no se abordan, el ciclo de violencia y dependencia permanecerá intacto y, en consecuencia, socavarán la seguridad global y los valores que estas naciones afirman defender.

Organizaciones multilaterales financiadas por países occidentales y desviadas para la diplomacia proterrorismo

Comité Internacional de la Cruz Roja (CICR)

El Comité Internacional de la Cruz Roja (CICR) ha sido criticado por su respuesta limitada ante la crisis de rehenes en Gaza. Si bien el CICR ha hecho llamados públicos para la liberación de los rehenes y ha expresado preocupación por su bienestar, no ha tomado acciones decisivas para asegurar su liberación o verificar su estado de salud.

El CICR tiene la responsabilidad de proteger y asistir a las víctimas de conflictos armados, incluyendo a los rehenes. Sin embargo, su mandato y acciones se ven restringidos por sus principios de neutralidad, imparcialidad e independencia. A menudo, el CICR evita tomar posturas públicas o llevar a cabo acciones diplomáticas de alto perfil, ya que esto podría comprometer su acceso a todas las partes del conflicto.

A pesar de estas limitaciones, el CICR ha sido duramente criticado por no hacer lo suficiente para abordar la crisis de rehenes en Gaza. Algunos argumentan que debería utilizar su influencia y acceso para presionar a los secuestradores y permitir evaluaciones médicas independientes de los rehenes.

Principales críticas contra el CICR:

- Solo ha emitido 5 declaraciones públicas exigiendo la liberación de los rehenes.
- No ha realizado evaluaciones médicas independientes ni misiones de verificación del estado de salud de los rehenes.
- No ha utilizado sus canales diplomáticos para presionar a los secuestradores para que proporcionen pruebas de vida.
- No ha participado en negociaciones directas con los secuestradores para asegurar la liberación de los niños secuestrados.
- No ha brindado ningún apoyo o asistencia a las familias de los niños secuestrados.

Corte Internacional de Justicia (CIJ)

La Corte Internacional de Justicia (CIJ) rechazó la demanda presentada por Sudáfrica que acusaba a Israel de cometer genocidio en Cisjordania y la Franja de Gaza. El tribunal determinó que no había pruebas suficientes para respaldar la acusación.

Israel presentó pruebas sustanciales ante la CIJ, incluyendo:

- Registros operativos militares y reportes de inteligencia que demuestran que Hamás utiliza escudos humanos e instalaciones militares en áreas civiles.
- Testimonios de soldados y civiles israelíes afectados por los ataques de Hamás.

- Análisis de expertos sobre ataques con cohetes de Hamás y su red de túneles.
- Documentación sobre declaraciones y acciones de los líderes políticos y militares de Hamás.
- Decisiones clave de la CIJ:
- Ordenó a Israel tomar medidas para prevenir actos contrarios a la Convención sobre el Genocidio, de 1948, pero no ordenó la suspensión de la ofensiva militar.
- Expresó preocupación por el destino de los rehenes en Gaza y reconoció la situación catastrófica en la región.
- En marzo de 2024, la CIJ ordenó medidas de emergencia para garantizar el suministro de alimentos básicos a Gaza sin demora.
- En mayo de 2024, la CIJ ordenó el cese inmediato de la ofensiva israelí en Rafah. Israel rechazó esta decisión, argumentando que más de 150 túneles que conectaban con Egipto estaban siendo utilizados para el contrabando de armas y otras infraestructuras terroristas.

Corte Penal Internacional (CPI)

La Corte Penal Internacional (CPI) emitió recientemente órdenes de arresto contra los líderes israelíes Benjamin Netanyahu y Yoav Gallant. Esta decisión ha sido ampliamente criticada, ya que rechaza pruebas sustanciales presentadas por Israel y sus aliados. Los críticos argumentan que el manejo del caso por parte de la CPI refleja un sesgo procesal y probatorio, lo que socava su credibilidad.

Controversias en la CPI:

- El fiscal principal, Karim Khan, ha sido señalado por su supuesta falta de imparcialidad.
- Se ha cuestionado su independencia debido a su historial de asociaciones con grupos acusados de tener un sesgo anti-Israel.
- También enfrenta acusaciones de conducta sexual inapropiada, incluyendo denuncias de coerción durante su tiempo en un organismo legal regional.
- Khan fue abogado defensor de Charles Taylor, un jefe militar liberiano condenado por crímenes de guerra.
- Ha sido criticado por su cercanía con dictadores africanos y su manejo de casos de alto perfil.

El rol de la academia en la financiación del discurso anti-Israel

La academia ha sido históricamente un espacio de pensamiento crítico e investigación imparcial. Sin embargo, un análisis más profundo de los flujos de financiamiento revela que algunas universidades en países occidentales han recibido grandes sumas de dinero de estados del Golfo, lo que plantea preocupaciones sobre la integridad y los intereses detrás de ciertas narrativas académicas.

Financiación de universidades por Estados del Golfo

Fondos asignados a instituciones académicas occidentales por estados del Golfo:

1. Catar:
   - $1.5 mil millones
   - Colaboraciones con más de 20 universidades en EE. UU.
   - Fundación Catar: $1.4 mil millones
2. Emiratos Árabes Unidos (EAU):
   - $1 mil millones
   - Colaboraciones con más de 15 universidades en EE. UU.
   - Consejo de Educación de Abu Dhabi: $250 millones
3. Arabia Saudita:
   - $600 millones
   - Colaboraciones con más de 10 universidades en EE. UU.
   - Programa de Becas Rey Abdullah: $100 millones
4. Kuwait:
   - $300 millones
   - Colaboraciones con más de 5 universidades en EE. UU.
   - Fundación para el Avance de las Ciencias de Kuwait: $50 millones

Total estimado de financiamiento de los estados del Golfo a universidades occidentales: $3.4 mil millones.

Nota: Estas cifras son estimaciones y pueden no ser completamente exhaustivas, ya que no todo el financiamiento es divulgado públicamente.

Ejemplos específicos de financiamiento:

- Universidad de Harvard: Recibió una donación de $100 millones de Arabia Saudita en 2013.
- UC Berkeley: Recibió $20 millones de Kuwait en 2018.
- Fundación Catar: Destinó $1.4 mil millones a asociaciones con más de 20 universidades en EE. UU.
- Consejo de Educación de Abu Dhabi: Proporcionó $250 millones a más de 15 universidades en EE. UU.

Impacto de la financiación y sesgos académicos

Conflictos de interés y sesgo narrativo:

- Investigaciones y conferencias académicas que critican desproporcionadamente a Israel, minimizando las acciones de otros regímenes de Medio Oriente.
- Programas y currículos académicos que omiten discusiones críticas sobre abusos de derechos humanos o regímenes autoritarios en los países donantes.
- Invitación de conferencistas y académicos que promueven discursos anti-Israel mientras se excluyen voces disidentes.

Financiamiento opaco y falta de rendición de cuentas

La falta de transparencia respecto al origen de estos fondos agrava el problema. No todas las contribuciones son divulgadas públicamente, y la asignación específica de los fondos permanece poco clara. Esta opacidad impide que se evalúe si el apoyo financiero influye en los contenidos académicos, lo cual socava la confianza en la academia como un centro de impartición neutral del conocimiento.

Las sustanciales contribuciones financieras de los Estados del Golfo a universidades occidentales han creado una plataforma en la que el discurso anti-Israel puede prosperar, muchas veces encubierto bajo la legitimidad de la investigación académica.

Principales preocupaciones:

- Falta de divulgación de las fuentes de financiamiento.
- Posibles sesgos en los contenidos académicos, investigaciones y conferencias.
- Riesgo de que las universidades pierdan credibilidad al no abordar estos conflictos de interés.

Requisitos esenciales para restaurar la confianza en la academia:

1. Transparencia: Publicar todas las fuentes de financiamiento y su destino específico dentro de la academia.
2. Rendición de cuentas: Supervisión de los fondos para evitar interferencias externas en la producción de conocimiento.
3. Representación equilibrada: Garantizar que los programas académicos y conferencias no sean utilizados como vehículos para narrativas políticas específicas.

El concepto de "lavado de ideología"

Este término hace referencia al proceso mediante el cual narrativas extremistas o violentas, como las de Hamás, son reformuladas o suavizadas a través del discurso académico para parecer legítimas o justificadas.

Este fenómeno ocurre bajo el pretexto de:

- Exploración intelectual
- Crítica al colonialismo
- Defensa de grupos oprimidos

Sin embargo, en la práctica, termina oscureciendo o justificando actos de terrorismo y violencia.

¿Cómo opera el lavado de ideología?

- Se exageran agravios históricos o causas políticas.
- Se minimizan o excusan actos de terrorismo, incitación al odio y violencia cometidos por estos grupos.
- Se redefine a grupos terroristas como movimientos de liberación o resistencia, sin mencionar sus actividades violentas.

El lavado de ideología en el caso de Hamás

Un ejemplo común es cuando académicos o intelectuales occidentales presentan a Hamás exclusivamente como un "movimiento de resistencia", omitiendo o minimizando:

- Su designación oficial como organización terrorista por EE. UU., la UE y otros países.
- Sus objetivos explícitos de erradicar a Israel y atacar a civiles.
- Su uso sistemático del terrorismo como estrategia militar y política.

Este reencuadre discursivo ocurre frecuentemente bajo la retórica del antiimperialismo, la descolonización o la solidaridad con los oprimidos, lo que distorsiona la naturaleza del conflicto y brinda justificación moral o intelectual a actos de terrorismo.

El lavado de ideología es una crítica a la falta de rigor intelectual y claridad moral en el tratamiento de conflictos geopolíticos. Al reforzar narrativas extremistas, este fenómeno socava los esfuerzos legítimos por comprender y resolver los conflictos.

Ejemplos concretos de lavado de ideología en el conflicto Hamás-Israel

1. Omitir el uso de estructuras civiles por parte de Hamás, mientras se acusa a Israel de atacar civiles:

¿Cómo ocurre?

- Académicos, medios de comunicación o comentaristas se enfocan exclusivamente en las víctimas civiles de ataques israelíes.

- Se omite que Hamás usa escuelas, hospitales y mezquitas como bases militares y depósitos de armas.
- Se ignora que Hamás viola el derecho internacional al usar escudos humanos, trasladando la culpa exclusivamente a Israel y encubriendo la responsabilidad de Hamás en la muerte de civiles palestinos.

2. Acusar a Israel de colonialismo mientras se ignora que Hamás rechaza la solución de dos Estados

¿Cómo ocurre?

- Se enmarca a Israel como un Estado colonial, sin mencionar que Hamás rechaza explícitamente la solución de dos Estados y busca un dominio panárabe sobre todo el territorio.
- Se elimina del discurso el hecho de que Hamás se niega a negociar la paz y está comprometido con la eliminación total de Israel.
- El conflicto se presenta como una agresión unilateral de Israel, en lugar de un estancamiento político donde una de las partes niega la existencia del otro Estado.

3. Destacar la situación de los prisioneros palestinos mientras se ignoran los rehenes israelíes

¿Cómo ocurre?

- Se enfatiza la situación de los prisioneros palestinos en cárceles israelíes, refiriéndose a ellos como "presos políticos" (cuando muchos son terroristas convictos por asesinato).

- Se ignora completamente que Hamás secuestra civiles israelíes y los mantiene en condiciones inhumanas sin permitir acceso a la Cruz Roja.
- El discurso se enfoca únicamente en la narrativa palestina, omitiendo las violaciones humanitarias de Hamás.
- 4. Ignorar la retórica genocida de Hamás mientras se acusa a Israel de genocidio

¿Cómo ocurre?

- Se pasa por alto o se minimiza la carta fundacional de Hamás, que llama explícitamente a la destrucción de Israel y contiene retórica antisemita.
- Se acusa a Israel de genocidio sin pruebas concretas, ignorando que Israel suministra un promedio de 600 camiones de ayuda diaria a Gaza.
- Se establece una falsa equivalencia moral, donde se culpa exclusivamente a Israel sin reconocer que Hamás es una organización terrorista con una ideología genocida declarada.

Conclusión: ¿Por qué es peligroso el lavado de ideología?

En cada uno de estos ejemplos, el lavado de ideología funciona seleccionando información que encaja en una narrativa específica, usualmente una que:

- Presenta a Israel como único agresor.
- Absuelve o minimiza las acciones terroristas de Hamás.
- Distorsiona la realidad del conflicto y obstaculiza soluciones reales.

Este fenómeno no solo desinforma al público, sino que también fortalece posturas extremistas al brindar justificación académica o moral a la violencia.

Conclusiones críticas: Cómo el terrorismo se ha convertido en una industria rentable, legitimada por el dinero y la diplomacia occidental

La industria del terrorismo ha demostrado ser una estrategia política efectiva, ya que no solo sostiene la legitimidad política de los líderes, sino que también garantiza el flujo continuo de ayuda internacional y recursos, los cuales a menudo son desviados para mantener sus estructuras de gobierno y capacidades militares. Como resultado, la falta de voluntad para entablar un diálogo significativo fortalece un ciclo donde el *statu quo* se mantiene y beneficia a las élites gobernantes mientras la población en general continúa sufriendo.

La asignación presupuestaria de la Autoridad Palestina (AP) y Hamás muestra una clara priorización de los gastos militares y de seguridad sobre los servicios esenciales.

- Grandes sumas de dinero son destinadas a operaciones militares, mientras sectores críticos como educación, salud e infraestructura permanecen desfinanciados.
- Esta mala asignación de recursos no solo dificulta el desarrollo socioeconómico, sino que también agrava las dificultades de la población civil, que enfrenta servicios públicos deficientes y condiciones de vida deterioradas.

Dentro de la sociedad palestina, la prolongación del conflicto se ha convertido en un elemento central de la identidad nacional. La lucha constante se ha internalizado en la conciencia colectiva y ha moldeado las narrativas culturales y los valores sociales. Esta normalización de la violencia perpetúa un ciclo donde las nuevas generaciones crecen en un ambiente de hostilidad y hace que la paz sea cada vez más inalcanzable.

A nivel individual, quienes expresan opiniones disidentes o defienden enfoques alternativos enfrentan represalias severas. Se ha documentado que tanto la AP como Hamás reprimen la oposición a través de arrestos arbitrarios y tortura, lo cual crea un clima de miedo que sofoca la libre expresión y el pensamiento crítico.

En resumen, las narrativas políticas, las prioridades presupuestarias y la represión de la disidencia en la AP y Hamás crean un sistema autosostenible que perpetúa la violencia y la inestabilidad. Abordar estos problemas requiere una reevaluación profunda de las prácticas de gobierno, la redistribución de recursos hacia el desarrollo humano y la promoción de una sociedad abierta donde puedan expresarse diversas perspectivas sin temor a represalias.

Puntos clave:

1. Política: No negociar con el enemigo, pero mantener el sistema en funcionamiento

- Las narrativas políticas de la AP y Hamás evitan el compromiso directo con Israel, lo que perpetúa el conflicto y mantiene su legitimidad política.
- Este enfoque garantiza la continuidad de la ayuda internacional, la cual frecuentemente se desvía para

sostener estructuras de gobierno y operaciones militares.

- La reticencia a un diálogo significativo refuerza un ciclo de estancamiento, donde las élites se benefician mientras la población sufre.

2. Economía: Un presupuesto diseñado para mantener el terrorismo

- La estrategia económica de la AP y Hamás ha creado un sistema que beneficia desproporcionadamente a las élites políticas y militares, mientras perpetúa la pobreza generalizada.
- Gran parte de sus presupuestos se asigna a gastos militares y estructuras terroristas, en lugar de servicios esenciales como salud, educación e infraestructura.
- El conflicto continuo atrae ayuda internacional, pero su mala gestión y corrupción aseguran que la mayor parte de estos fondos sean desviados.
- Este ciclo de mala asignación de recursos y perpetuación del conflicto mantiene el equilibrio de poder a favor de las élites gobernantes, al tiempo que impide avances hacia la paz y el desarrollo socioeconómico.

3. Sociedad: El odio y el conflicto como base de la identidad nacional

- La AP y Hamás han institucionalizado una paradoja: rechazan la existencia de Israel mientras dependen de su infraestructura económica y de la ayuda internacional facilitada por países occidentales.

- La identidad nacional palestina a menudo se construye en torno a la hostilidad hacia los judíos, opacando otras narrativas culturales e históricas.
- El sistema educativo juega un papel clave en esta dinámica:
- Se promueven sentimientos antisemitas en los planes de estudio.
- Se glorifica la violencia contra israelíes.
- Se adoctrina a los jóvenes en una cultura de odio.
- Este adoctrinamiento sistemático asegura que las nuevas generaciones crezcan con la hostilidad como un componente central de su identidad.

4. Individualidad: Castigo por pensar diferente

- En Cisjordania y la Franja de Gaza, quienes abogan por la paz o expresan opiniones disidentes enfrentan represión severa.
- Mecanismos de represión incluyen:
- Arrestos arbitrarios y tortura.
- Persecución de periodistas, activistas y críticos del gobierno.
- Violencia contra manifestantes pacíficos.
- Tanto la AP como Hamás han sido documentados por Human Rights Watch por sus tácticas de represión, incluyendo secuestros y torturas.
- Este ambiente, que sofoca la libertad de expresión y refuerza el control autoritario, crea a la vez una cultura de miedo y conformidad.

Resumen general

La economía del terrorismo sostenida por la AP y Hamás beneficia a una minoría privilegiada, mientras destruye la estabilidad económica, la integridad política, la cohesión social y las libertades individuales del pueblo palestino.

Solucionar esta crisis multifacética requiere reformas profundas enfocadas en:

- Gobernanza transparente.
- Desarrollo económico legítimo.
- Progreso social real.
- Protección de los derechos individuales.

Principales impactos de la corrupción y la mala gestión:

- Los servicios esenciales y la infraestructura sufren una crisis crónica por falta de fondos.
- El Banco Mundial reporta una caída drástica en el PIB real y crisis fiscales crecientes, lo que refleja una grave mala gestión económica.
- El estancamiento político deteriora las estructuras de gobernanza y fomenta la corrupción.
- Human Rights Watch ha documentado arrestos arbitrarios y tortura de críticos del gobierno, lo que subraya un ambiente político represivo.
- El conflicto se ha convertido en el centro de la identidad nacional, desviando la atención de problemas sociales urgentes.

- Las narrativas educativas y políticas que alimentan una cultura de resistencia impiden avances en paz y desarrollo.
- Los individuos que defienden la paz o tienen visiones alternativas enfrentan castigos severos.
- Reportes de Amnistía Internacional confirman que tanto la AP como Hamás restringen la libertad de expresión, asociación y reunión, sofocando cualquier forma de disidencia.

Si estos problemas no se abordan con urgencia, la sociedad palestina seguirá atrapada en un sistema diseñado para perpetuar el conflicto, mantener el poder de las élites y sofocar cualquier posibilidad de desarrollo económico y social real.

Esperanza para el futuro: Integración económica libre de terrorismo

Visualizamos un futuro donde israelíes y palestinos puedan vivir juntos en paz y prosperidad. Para lograrlo, es esencial desmantelar el actual sistema económico que financia el terrorismo y fomentar una nueva era de cooperación e interdependencia.

1. Neutralizar las agencias de la ONU: Un llamado a la reforma

Es necesario reformar las agencias de la ONU para evitar la propagación de narrativas antisemitas y garantizar la imparcialidad en sus acciones. Esta medida es clave para crear un ambiente justo y equitativo donde la paz pueda florecer.

2. Transparencia en las donaciones occidentales: Cortar el financiamiento del terrorismo

Reducir y aumentar la transparencia en las donaciones de Occidente ayudará a evitar que los fondos sean desviados para apoyar actividades terroristas.

- Es crucial romper los incentivos económicos que alimentan la violencia.

- Garantizando que las donaciones sean transparentes y sujetas a rendición de cuentas, podemos cortar el flujo financiero de las organizaciones terroristas.

3. Cuestionar las instituciones multilaterales: Una evaluación crítica

- Es esencial examinar críticamente el papel de las instituciones multilaterales en la perpetuación de narrativas antisemitas y en el financiamiento de economías terroristas.
- Identificar áreas para la reforma garantizará que estas instituciones realmente promuevan la paz, la justicia y los derechos humanos.

4. Financiamiento ético en la academia: Promoviendo integridad y responsabilidad

Las universidades y centros académicos deben recibir fondos libres de sesgos y de cualquier vínculo con actividades terroristas.

- Promoviendo la integridad y la rendición de cuentas en la academia, podemos fomentar una cultura de paz, tolerancia y entendimiento, en lugar de una que aliente el odio y la radicalización.

5. Un gobierno civil palestino: Clave para la paz y la prosperidad

Es fundamental establecer un gobierno civil palestino libre de vínculos con grupos terroristas y filosofías extremistas.

- Este gobierno debe priorizar el bienestar y la prosperidad de su gente, en lugar de promover la violencia y el terrorismo.
- Fomentar el desarrollo de un gobierno democrático y civil palestino es un paso esencial para crear estabilidad y paz duradera en la región.

6. Integración económica: Un camino hacia la paz y la prosperidad

Fomentar la integración económica real entre israelíes y palestinos puede crear interdependencia y cooperación.

- El 85% de los salarios de la fuerza laboral palestina dependen de la economía israelí.
- Muchos palestinos prefieren trabajar en Israel, lo que resalta el potencial de la colaboración económica para impulsar la paz.
- Trabajando juntos, israelíes y palestinos pueden construir un futuro de prosperidad mutua y crecimiento.

Un impacto duradero en la resolución de conflictos a nivel global

El conflicto israelí-palestino no es solo un problema regional; tiene implicaciones significativas para la resolución de conflictos en todo el mundo. Su resolución adecuada servirá como referencia para abordar futuras disputas internacionales.

1. Establecer un precedente para la colaboración internacional

Una resolución efectiva del conflicto israelí-palestino demostraría la capacidad de las instituciones internacionales para promover la paz y la cooperación.

- Esto fomentaría la confianza en estos organismos y alentaría a las naciones a colaborar en la resolución de disputas en lugar de recurrir a la violencia.

2. Cero tolerancia para gobiernos terroristas y dinámicas de terrorismo

Es crucial establecer una política de cero tolerancia hacia los gobiernos terroristas y las economías que financian el terrorismo.

- Esto incluye responsabilizar a las instituciones multilaterales por evitar la perpetuación de narrativas antisemitas y el apoyo a economías terroristas.

3. Promoción de un marco multilateral neutral y justo

La resolución del conflicto israelí-palestino debe basarse en un marco multilateral neutral y justo.

- Para lograr esto, es necesario:
- Reformar las agencias de la ONU.
- Promover donaciones transparentes.
- Garantizar que la academia sea financiada de manera ética y sin sesgos políticos.
- Esto permitirá que todas las partes sean juzgadas bajo los mismos estándares y se genere una base más equitativa para la resolución de conflictos.

4. Un mejor estándar para la resolución de conflictos futuros

El conflicto israelí-palestino es una oportunidad para establecer un mejor estándar en la resolución de disputas internacionales.

- Abordando las causas profundas del conflicto.
- Promoviendo la integración económica.
- Estableciendo un gobierno civil palestino independiente de grupos terroristas.

Podemos crear un modelo de resolución de conflictos que priorice la paz, la prosperidad y la comprensión mutua.

Aprovechemos este momento para crear un impacto duradero en la resolución de conflictos globales. Juntos, podemos construir un mundo más pacífico y próspero, donde las naciones colaboren de manera efectiva y las instituciones internacionales promuevan la equidad y la justicia para todos.

Bibliografía

Libros e informes:

1. Jerusalem Center for Public Affairs. *Hamas's Military Expenditures and Budget Analysis* (2019).

2. Meir Amit Intelligence and Terrorism Information Center. *Hamas Budget and Resource Allocation* (2020).

3. Levitt, Matthew. *Hamas: Politics, Charity, and Terrorism in the Service of Jihad.* Yale University Press, 2006.

4. Byman, Daniel. *A High Price: The Triumphs and Failures of Israeli Counterterrorism.* Oxford University Press, 2011.

5. Rubin, Barry. *The Truth About Syria.* Palgrave Macmillan, 2007.

6. Hoffman, Bruce. *Inside Terrorism.* Columbia University Press, 2017.

7. Dershowitz, Alan. *Terrorism: How the West Can Win.* Yale University Press, 2002.

8. Crenshaw, Martha. *Explaining Terrorism: Causes, Processes, and Consequences.* Routledge, 2011.

9. Katz, Samuel M. *The Hunt for the Engineer: How Israeli Agents Tracked the Hamas Master Bomber.* Lyons Press, 2002.

10. Riedel, Bruce. *What We Won: America's Secret War in Afghanistan, 1979–1989.* Brookings Institution Press, 2014.

Artículos:

1. *The Jerusalem Post. UNRWA Employees' Ties to Hamas* (2023).

2. *The Jewish Press. Analysis of UNRWA Operations and Allegations* (2023).

3. Erlanger, Steven. "Europe's Aid to Palestinians: Humanitarian Help or Indirect Support for Hamas?" *The New York Times*, 2022.

4. Abu Toameh, Khaled. "How UNRWA Perpetuates the Palestinian Refugee Problem." *Gatestone Institute*, 2023.

5. Becker, Jared. "How Financial Flows Keep Terrorism Alive: The Role of Western Donors." *Foreign Policy Journal*, 2023.

6. Schanzer, Jonathan. "Hamas's Tunnels and Western Complicity." *Foreign Affairs*, 2023.

7. Haberfeld, Steven. "The Role of Media in Promoting Terrorist Narratives." *Journal of Media Studies*, 2022.

8. Frazer, David. "Iran's Shadow Economy: Funding Hezbollah and Hamas." *Middle East Quarterly*, 2022.

9. Dyer, Gwynne. "How UN Agencies Enable Conflict through Mismanagement." *The Times*, 2023.

10. Lovett, Ian. "The Gaza Economy: Hamas's Mismanagement and Global Aid." *The Economist*, 2023.

Estudios académicos:

1. World Bank. *Reports on Gaza and West Bank Economic Data* (2020-2023).

2. Foundation for Defense of Democracies. *Hamas Funding Sources and Economic Impact* (2022).

3. Moghadam, Assaf. "The Globalization of Martyrdom: Al Qaeda, Salafi Jihad, and the Diffusion of Suicide Attacks." *Studies in Conflict & Terrorism*, 2008.

4. Harel, Amos, e Issacharoff, Avi. "Hamas's Tactical Use of Civilian Infrastructure During Conflict." *Journal of Middle East Studies*, 2021.

5. Pape, Robert. "The Strategic Logic of Suicide Terrorism." *American Political Science Review*, 2003.

6. Pedahzur, Ami. *The Israeli Secret Services and the Struggle Against Terrorism*. Columbia University Press, 2012.

7. Shapiro, Jeremy. "Economic Drivers of Extremism: The Case of Hamas." *Journal of Economic Perspectives*, 2023.

8. Zechmeister, Elizabeth. "Polarization and Political Support for Terror Groups." *Political Behavior*, 2021.

9. Ganor, Boaz. "Defining Terrorism: Is One Man's Terrorist Another Man's Freedom Fighter?" *International Policy Institute Studies*, 2019.

10. Byman, Daniel. "Should Hezbollah Be Treated as a State Actor?" *Journal of International Relations*, 2020.

Informes internacionales:

1. Human Rights Watch. *Suppression of Critics in Gaza and the West Bank* (2023).

2. Amnesty International. *Freedom of Expression under Hamas and PA* (2022).

3. Transparency International. *Corruption Perceptions Index* (2023).

4. United Nations Office on Drugs and Crime (UNODC). *Tracking Illicit Financial Flows Linked to Terrorism*, 2022.

5. Amnesty International. *Palestinian Territories: Freedom of Speech Under Attack*, 2022.

6. International Crisis Group. *Gaza Under Siege: The Cost of War and Blockade*, 2023.

7. RAND Corporation. *The Impact of Foreign Aid on Terrorism Networks*, 2023.

8. OECD. *Corruption and Aid Effectiveness in Fragile States*, 2022.

9. Europol. *Terrorism Situation and Trend Report*, 2023.

10. UNODC. *Monitoring Cross-Border Financing of Extremism*, 2023.

Fuentes de datos:

1. UNRWA. *Financial Reports* (2020-2023).

2. International Monetary Fund. *Regional GDP Statistics* (2022).

3. U.S. Congressional Reports. *Palestinian Authority Corruption* (2023).

4. Pew Research Center. *Global Attitudes Toward Terrorism*, 2023.

5. Israeli Ministry of Foreign Affairs. *Annual Terrorism and Security Reports*, 2023.

6. International Monetary Fund (IMF). *West Bank and Gaza: Economic Monitoring Report*, 2023.

7. Palestinian Central Bureau of Statistics. *Annual Statistical Review: Gaza Strip and West Bank*, 2023.

8. SIPRI (Stockholm International Peace Research Institute). *Global Military Expenditure Database*, 2023.

9. World Bank. *Palestinian Territories Development Indicators*, 2023.

10. IMF. *Fiscal Challenges in Conflict Zones: Gaza and Beyond*, 2023.

11. OECD. *Annual Global Aid Statistics: Middle East Focus*, 2023.

El negocio del terrorismo: Gráficos y anexos visuales

VISUAL 1:

Asignación presupuestaria de Hamás

Este gráfico ilustra la asignación presupuestaria de Hamás, destacando el gasto militar desproporcionado.

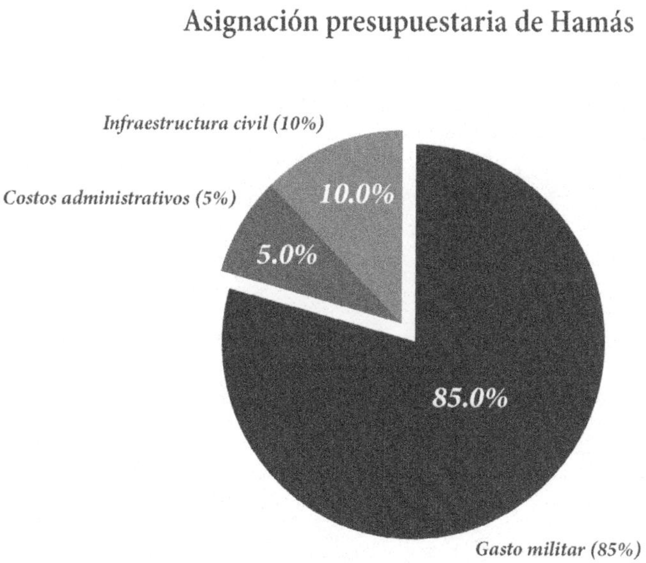

VISUAL 2:

Comparación de salarios y PIB per cápita

Este gráfico de barras compara los salarios anuales de los trabajadores de la UNRWA, los funcionarios de Hamás y la Autoridad Palestina (AP), en contraste con el PIB per cápita de Gaza y Cisjordania.

Salarios mensuales estimados: funcionarios vs refugiados

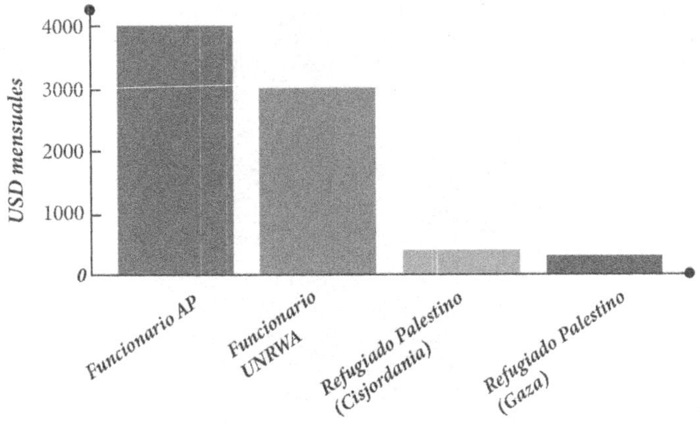

VISUAL 3:

Principales contribuyentes financieros a la UNRWA

Este gráfico de barras muestra las contribuciones financieras de los principales países donantes a la UNRWA, medidas en millones de dólares estadounidenses (USD)

Principales contribuyentes financieros a la UNRWA

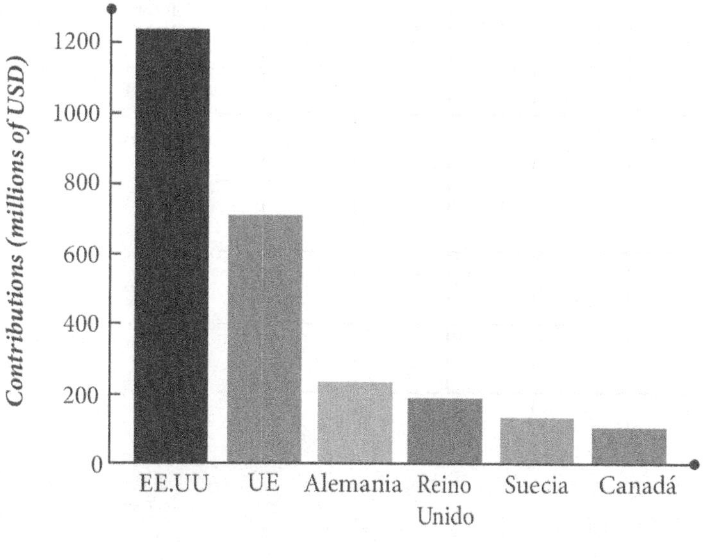

VISUAL 4:

Número de empleados: UNRWA vs ACNUR

Esta tabla compara el número de empleados de la UNRWA con el de la ACNUR, destacando el nivel desproporcionado de personal a pesar de la diferencia en el alcance de sus responsabilidades.

Refugiados y Desplazados	**Agencia de la ONU Encargada**	**Empleados**	**Presupuesto por Persona Asistida**	**Refugiados Asistidos**
Palestinos	UNRWA (Agencia de Naciones Unidas para los Refugiados de Palestina en Oriente Próximo)	30 000	250 USD	5 600 000
No Palestinos	ACNUR (Alto Comisionado de las Naciones Unidas para los Refugiados)	17 300	116 USD	74 000 000

VISUAL 5:
Asignación de ayuda económica en Gaza

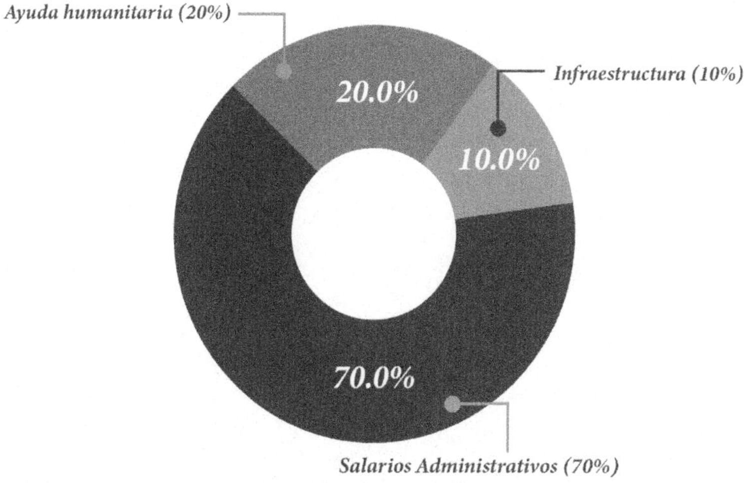

VISUAL 6:

Crecimiento del presupuesto de UNRWA a lo largo del tiempo

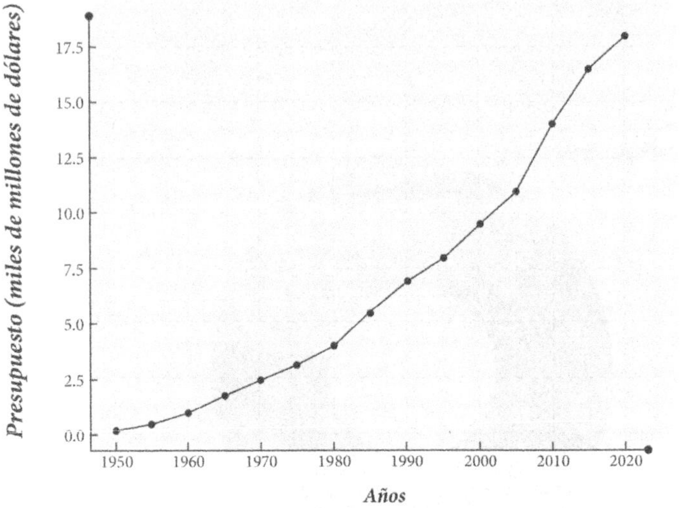

VISUAL 7:

Gasto militar como porcentaje del presupuesto total

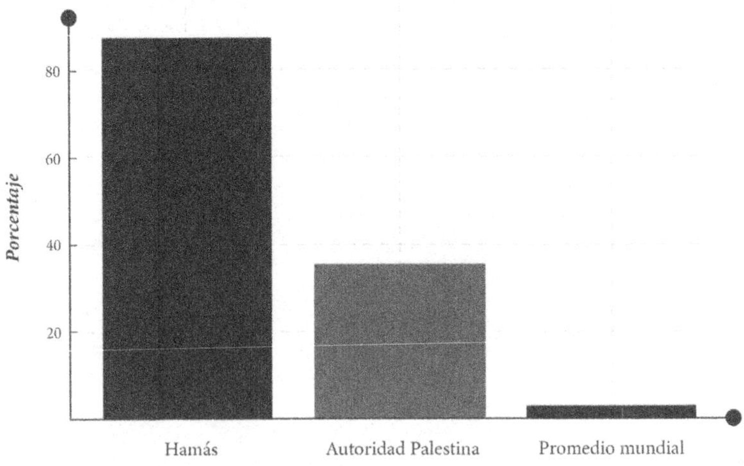

Visual 8:

Procedencia presupuestal de Hámas y la Autoridad Palestina

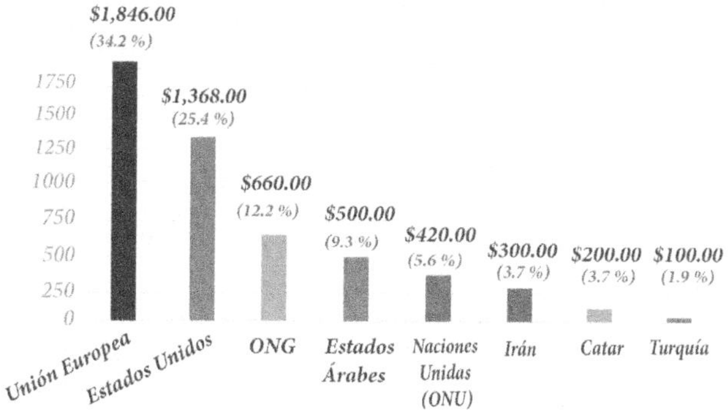

Lavado de ideología: Cómo la acción terrorista es legitimada por instituciones multilaterales, la academia y los medios de comunicación internacionales

Visual 9:

VISUAL 10:

Utilización presupuestaria de Hamas en infraestructura Civil	
Uso del presupuesto	Indicador
Túneles terroristas	Alto
Planta eléctrica	Muy bajo
Refugios civiles	Nulo
Servicios básicos	Insuficiente

VISUAL 11:

Comparación del PIB per cápita de funcionarios de Gaza/Cisjordania vs regiones vecinas

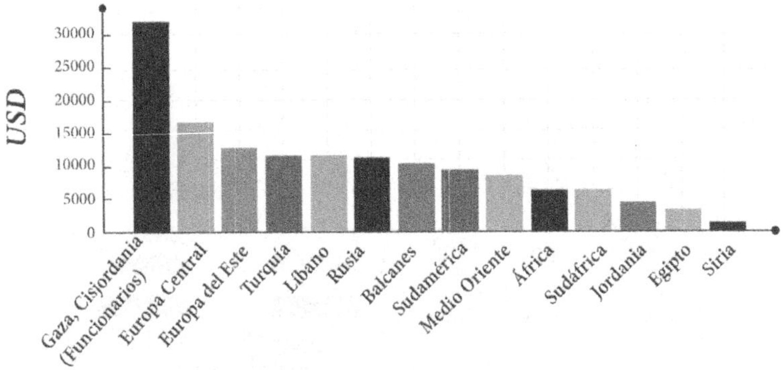

VISUAL 12:

Evolución del Financiamiento a URWA por país y década

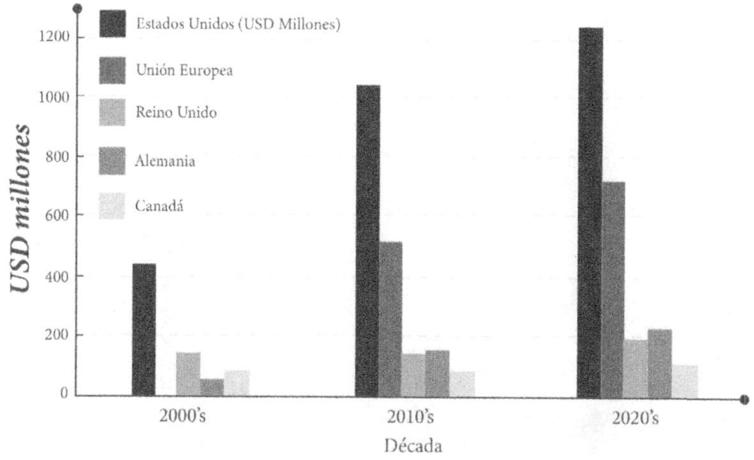

VISUAL 13:

Crecimiento del número de refugiados palestinos (1948-2023)

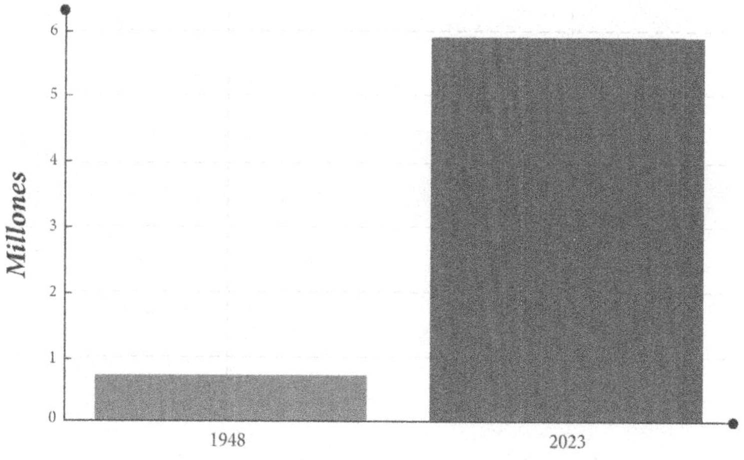

VISUAL 14:

Comparación de empleados entre agencias de la Onu

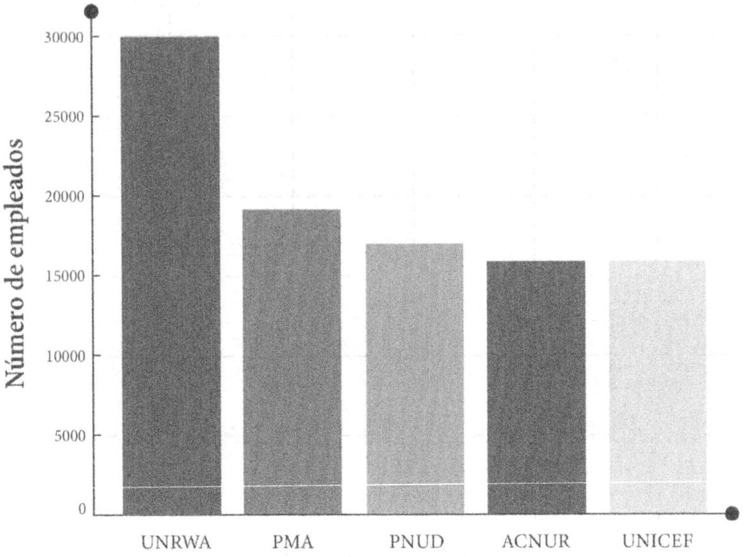

El Dr. Enrique Presburger es un reconocido economista, empresario y estratega financiero especializado en macroeconomía, *fintech* e inclusión financiera. Asesora a múltiples empresas e instituciones filantrópicas, influyendo en la política pública de financiamiento en México. Autor de *bestsellers,* Enrique ha escrito libros sobre finanzas, migración y remesas, y el conflicto de Oriente Medio. Es una figura mediática con apariciones recurrentes en podcast, televisión y prensa escrita. Enrique es también atleta IronMan y ha representado a México en campeonatos mundiales.

Made in the USA
Monee, IL
08 November 2026

68085076R00069